MUCHAS GRACIAS A LAURA LECUONA, SANTIAGO BEASCOA, DIEGO RABASA, CRISTÓBAL PERA, JAIME DE PABLOS, ANA ROMERO Y EDWARD BENÍTEZ POR SUS CONSEJOS EN ESTA PRIMERA AVENTURA EDITORIAL.

LA LIBRERÍA
LE DEDICA ESTE LIBRO A
LAS MATILDES, NICOLÁS, LEO Y SANTI.

LUIS Y JENNIFER EN: CÉSAR CHÁVEZ Y LA MÁQUINA DEL TIEMPO

SE TERMINÓ DE IMPRIMIR EN ABRIL DE 2014 EN BOOKMASTERS INC.
30 AMBERWOOD PARKWAY. ASHLAND, OH 44805. JOB No. 50003086

EL TIRAJE FUE DE 200 EJEMPLARES.

Luis & Jennifer en:

César Chávez & la Máquina del Tiempo

Escrito por
Juan Carlos Quezadas.
Ilustrado por BEF.

ESCUELA ELLEN OCHOA, LOS ÁNGELES.

PUEDEN SALIR AL RECREO.

Science week

¿OTRA VEZ LA SEÑORITA SE VA A QUEDAR SENTADA EN LA BANCA?

BRIAN, SABES QUE N-NO ME GUSTA EL FUTBOL.

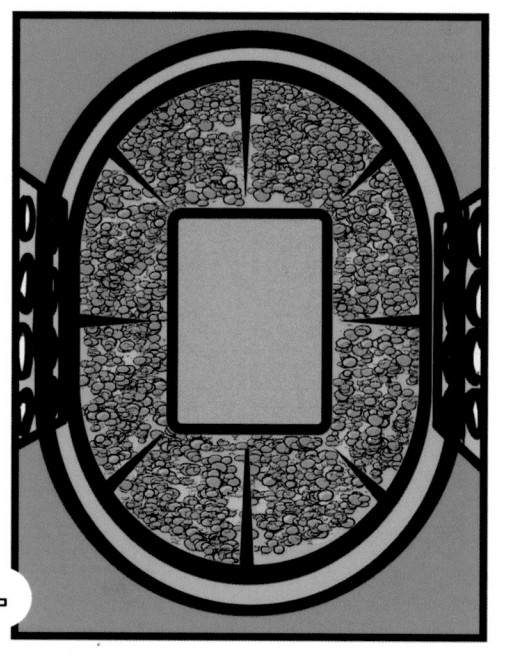

LUIS ARROYO SE PREPARA PARA LANZAR EL PENALTI DEL CAMPEONATO.

ESTE LIBRO HA SIDO POSIBLE
GRACIAS AL APOYO DE TELEVISA FOUNDATION Y CANANA:

A LA FUNDACIÓN CÉSAR CHÁVEZ Y A LA UNIÓN DE CAMPESINOS/UNITED FARM WORKERS.

PRRT!!

QUÉ SUERTE TIENES, NO SE ROMPIERON TUS LENTES.

¡UPS! AHORA SÍ ESTÁN ROTOS.

NO TE PREOCUPES, NO FUE NADA.

CADA DÍA QUE PASA, BRIAN SE VUELVE MÁS VIOLENTO.

¿CUÁNDO TENDRÁS LISTA LA MÁQUINA?

CREO QUE TODAVÍA ME FALTA MUCHO.

HOY ME QUEDARÉ DESPUÉS DE CLASES PARA TRABAJAR UN RATO.

SI QUIERES TE AYUDO.

¿PARA QUÉ SIRVE ESTE LENTE?

POR ALLÍ PUEDO VER LAS COSAS QUE MANDO EN LOS EXPERIMENTOS.

¿CÓMO UNA VENTANA EN EL TIEMPO?

EXACTO.

POR AHORA SÓLO HE MANDADO COSAS PEQUEÑAS.

¿COMO QUÉ?

UNAS RAQUETAS DE TENIS AL TIEMPO DE LA DINASTÍA ZHOU.

Y TAMBIÉN ENVIÉ UNA PATINETA A LA PREHISTORIA.

Y AYER MANDÉ UNA CAJA DE HAMBURGUESAS CON PAPAS AL TIEMPO DE LOS DINOSAURIOS.

TAL VEZ POR ESO SE EXTINGUIERON.

NO CREO.

HUY, YA CASI ES HORA DE LA CONFERENCIA.

¡VAMOS!

SEMANA DE CÉSAR CHÁVEZ

RECIBAMOS CON UN FUERTE APLAUSO A DON ÁLVARO MARTÍNEZ, EL ABUELO DE BRIAN.

¡QUÉ HORROR!

NOS HABLARÁ DE SUS EXPERIENCIAS DENTRO DEL MOVIMIENTO DE CÉSAR CHÁVEZ.

YO ERA APENAS UN NIÑO EN AQUELLA ÉPOCA.

PERO FUI TESTIGO DE LOS ABUSOS QUE SUFRÍAN LOS CAMPESINOS.

TRABAJABAN LARGAS JORNADAS A CAMBIO DE UN SUELDO MISERABLE.

PASABAN HORAS Y HORAS BAJO LOS RAYOS DEL SOL.

Y SIN EMBARGO, TENÍAN QUE PAGAR POR EL AGUA QUE TOMABAN.

BLA, BLA, BLA.

13

EN 1966, CÉSAR CHAVEZ ORGANIZÓ UNA MARCHA PARA QUE LA GENTE TOMARA CONCIENCIA DE LA SITUACIÓN.

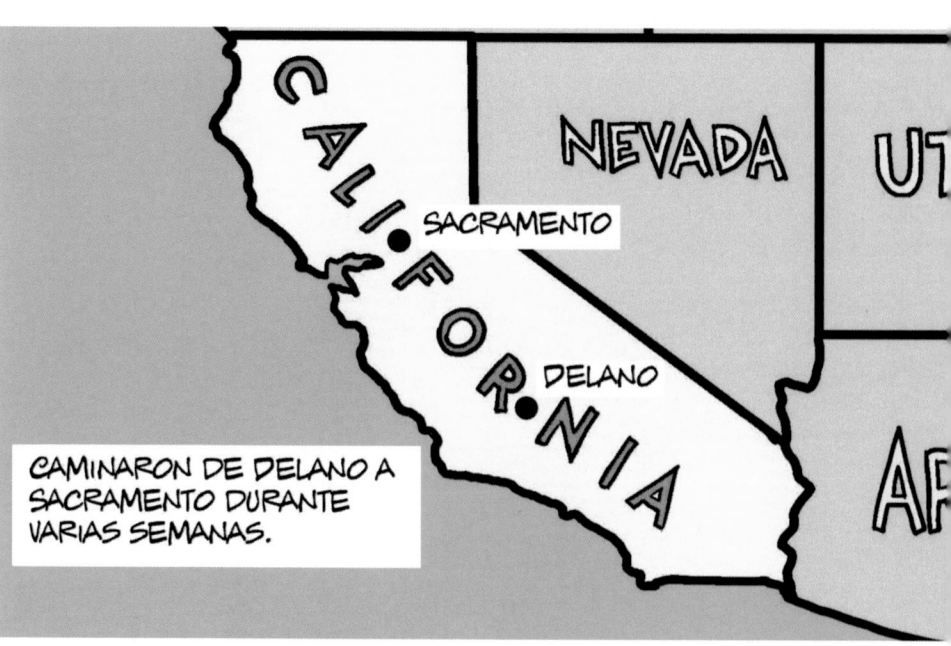
CAMINARON DE DELANO A SACRAMENTO DURANTE VARIAS SEMANAS.

MANDANDO UN MENSAJE DE ORGULLO A LA NACIÓN.

Y AL MUNDO.

AL PRINCIPIO ERAN UNOS CUANTOS.

PERO CON EL PASO DE LOS DÍAS LA GENTE SE FUE UNIENDO A LA CAUSA.

AL FINAL, CON EL ESFUERZO DE CÉSAR CHÁVEZ SE LOGRARON MEJORES CONDICIONES DE VIDA PARA LOS TRABAJADORES.

UN DÍA EN QUE IBA A TRABAJAR...

¿A TRABAJAR? NOS DIJO QUE ERA UN NIÑO.

ASÍ ES. LOS HIJOS DE LOS INMIGRANTES TRABAJÁBAMOS DESDE LOS 6 Ó 7 AÑOS.

HABRÍA DADO LO QUE FUERA POR TENER UNA ESCUELA COMO ÉSTA.

AQUEL TRISTE DÍA FUI TESTIGO DE UNA INJUSTICIA. UN HOMBRE RETENÍA CONTRA SU VOLUNTAD A UNOS CAMPESINOS.

ASÍ APRENDERÁN A NO ANDAR DE REVOLTOSOS.

ENTREN ALLÍ, MALDITOS DESAGRADECIDOS.

EL GRANJERO LOS CASTIGABA POR HABERSE UNIDO A LA MARCHA DE CÉSAR CHÁVEZ.

ESPERÉ A QUE RALPH SE FUERA Y LIBERÉ A LOS CAMPESINOS.

SALIMOS CORRIENDO Y UN DISPARO PASÓ MUY CERCA DE NOSOTROS.

BANG

¡TE ENCONTRARÉ, MALDITO NIÑO! Y ENTONCES RECIBIRÁS TU MERECIDO.

ES MUY EMOCIONANTE ESA HISTORIA.

FUE USTED MUY VALIENTE AL ARRIESGARSE POR LOS DEMÁS.

LO HICE GRACIAS A LAS ENSEÑANZAS DE CÉSAR CHÁVEZ.

ÉL DECÍA QUE EL ACTO DE VALOR MÁS PODEROSO ERA EL DE SACRIFICARSE POR LOS DEMÁS.

ESTOY SEGURO DE QUE CUALQUIERA DE USTEDES HABRÍA ACTUADO IGUAL.

YO NI LOCO ME SACRIFICARÍA POR UN COMPAÑERO.

DÉMOSLE UN FUERTE APLAUSO A DON ÁLVARO.

CLAP CLAP CLAP!

MÁS TARDE...

CUANDO ESTÉ LISTA VOY A VIAJAR AL 25 DE MARZO DE 1966.

MARCH 25 1966

17

PARA ESO DEBO ENCONTRAR LA FORMA DE REGRESAR.

TODAS LAS COSAS QUE HE ENVIADO A TRAVÉS DEL TIEMPO SE HAN DESVANECIDO EXACTAMENTE A LAS 24 HORAS DEL VIAJE.

¿DESAPARECEN?

SÍ, SE PIERDEN EN LA NADA. COMO SI NUNCA HUBIERAN EXISTIDO.

A VECES ME SIENTO IGUAL.

COMO SI EN REALIDAD FUERA INVISIBLE.

¡LUIS, EL HOMBRE INVISIBLE DE LA ESCUELA ELLEN OCHOA DE LOS ÁNGELES!

NO ME GUSTA OÍRTE HABLAR ASÍ.

TÚ ERES UN NIÑO MUY VALIOSO... ADEMÁS...

¿ADEMÁS QUÉ?

ERES MI MEJOR AMIGO.

¡AY, QUÉ TIERNOS!

LOS INVENTORES ENAMORADOS.

¡NO ESTAMOS ENAMORADOS!

TIENES RAZÓN. ¿QUIÉN PODRÍA ENAMORARSE DE UN FLAQUITO COMO TÚ?

¡YO!

YO... LO QUE TE PIDO ES QUE NO SEAS TAN GROSERO.

¿DE VERDAD CREEN QUE ESTA PORQUERÍA PUEDA FUNCIONAR?

CLARO QUE SÍ. JENNIFER ES MUY INTELIGENTE.

¡LA ÉPOCA DE CÉSAR CHÁVEZ! ¡QUÉ HORROR!

MARCH 25 1966

FUE UN TIEMPO MUY INTERESANTE, ¿NO ESCUCHASTE A TU ABUELO?

MI ABUELO ES UN VEJESTORIO.

NO DIGAS ESO.

MARCH 25 1966

YO SIEMPRE DIGO Y HAGO LO QUE SE ME DA LA GANA.

¡DEJA LA MÁQUINA! DE VERDAD, PUEDE SER PELIGROSO.

MARC 1966

VIAJARÍAS A 1966 Y NO SABRÍAMOS CÓMO REGRESARTE.

Y DESAPARECERÍAS A LAS 24 HORAS.

¡HUY, QUÉ MIEDO! MIREN CÓMO TIEMBLO.

CLACK!

¡SÁQUENME DE AQUÍ!

BZZAT!

¡BRIAN VIAJÓ HASTA 1966!

TENEMOS UN DÍA PARA ENCONTRAR LA MANERA DE REGRESARLO.

BRIAN CORRE EL RIESGO DE DESAPARECER PARA SIEMPRE.

ESO NO PODEMOS PERMITIRLO. TENEMOS QUE AYUDARLO.

SI TAN SÓLO LE HUBIERA HECHO CASO A JENNIFER Y A LUIS.

¡EL GRANJERO ATRAPÓ A BRIAN!

LO CONFUNDIÓ CON DON ÁLVARO.

DEBEMOS DARNOS PRISA.

CREO QUE TENDRÉ QUE VIAJAR AL PASADO.

DEBO SACARLO DEL COBERTIZO.

¿QUÉ PASARÍA SI NO ENCUENTRO LA FORMA DE REGRESARLOS?

SEGURO LA ENCONTRARÁS.

SI TE METES A LA MÁQUINA ESTARÁS EN RIESGO DE DESAPARECER.

NO ME IMPORTA.

CREO QUE DE CUALQUIER MANERA YA SOY UN POQUITO INVISIBLE.

NO PARA MÍ.

¿QUÉ QUIERES DECIR CON ESO?

QUIERO DECIR QUE...

NO HAY TIEMPO QUE PERDER. DEBO IRME.

¡SÍ!

¡NOS VEREMOS PRONTO!

CLACK

BZZAT!

QUIERO DECIR QUE NO ERES INVISIBLE.

Y QUE PARA MÍ ERES EL NIÑO MÁS GUAPO DE LA ESCUELA.

Y QUE TENGO 23 HORAS Y 48 MINUTOS PARA RESOLVER UN PROBLEMA.

ESTÁ EN UN COBERTIZO DEL VIÑEDO SANTA ROSITA, EL 25 DE MARZO DE 1966.

BRIAN ACCIONÓ POR ACCIDENTE LA MÁQUINA DEL TIEMPO.

Y LUIS VIAJÓ PARA HACERLE COMPAÑÍA.

NOS QUEDAN 22 HORAS Y 22 MINUTOS PARA TRAERLOS DE REGRESO.

¿CÓMO PUEDO AYUDARTE?

HABLE CON MIS PAPÁS Y LOS DE LUIS.

DÍGALES QUE NOS QUEDAREMOS A DORMIR AQUÍ PARA PREPARAR EL TRABAJO DE CIENCIAS.

DESPUÉS IREMOS AL LABORATORIO PARA ENCONTRAR LA FORMA DE REGRESARLOS.

¿QUIÉN ANDA ALLÍ?

SHHHHHH... SOY YO, LUIS. VINE A RESCATARTE.

¿POR QUÉ LO HICISTE? YO SIEMPRE HE SIDO MUY MALO CONTIGO.

ESO NO IMPORTA AHORA. BUSCARÉ AYUDA Y TE RESCATARÉ ANTES DEL AMANECER.

GRACIAS... AMIGO.

ES MARAVILLOSO LO QUE LUIS ESTÁ HACIENDO POR MI NIETO.

ES LO MISMO QUE USTED HIZO HACE AÑOS POR UNOS DESCONOCIDOS.

EN LA CLASE NOS DIJO QUE CUALQUIERA DE NOSOTROS HABRÍA ACTUADO IGUAL.

APRENDÍ ESOS VALORES MIRANDO CÓMO ACTUABA CÉSAR CHÁVEZ.

Y NOSOTROS LO APRENDIMOS DE USTED.

ES LA FUERZA DEL EJEMPLO.

NO DEBO TENER MIEDO.

ESAS SOMBRAS SON SÓLO MI IMAGINACIÓN.

EL NIÑO JUSTICIERO NO VENÍA SÓLO.

TENÍA UN CÓMPLICE.

SON SÓLO SOMBRAS FORMADAS POR LA LUNA.

ESA DE ALLÍ SE PARECE AL GRANJERO.

PERO ES SÓLO UNA SOMBRA.

UNA INOCENTE SOMBRA CON LA FORMA DE UN COCHINITO CON ESCOPETA.

SÓLO UNOS CUANTOS PASOS MÁS...

¡YA TE TENGO!

DIG DIG DIG

UN ARMA MENOS EN EL MUNDO SIEMPRE ES UNA BUENA NOTICIA.

¿QUIÉNES SON USTEDES?

YO SOY PANCHO Y ELLA ES MI HERMANA MARÍA.

Y ELLOS SON BOICOT Y HUELGA, LOS PERROS DE CÉSAR.

¿QUÉ CÉSAR?

CÉSAR CHÁVEZ.

NUESTROS PADRES SE UNIERON A LA MARCHA QUE VA A SACRAMENTO.

¿LOS TUYOS TAMBIÉN?

SÍ... NO...

NO PUEDO DECIRLES QUE VENGO DEL FUTURO.

TENGO QUE CONTARLES UNA MENTIRA PIADOSA.

VINE CON MIS PADRES DESDE LOS ÁNGELES.

PERO ENTRE TANTA GENTE LOS PERDÍ.

VAMOS AL CAMPAMENTO. ALLÍ NOS AYUDARÁN A ENCONTRARLOS.

ANTES DEBEMOS LIBERAR A UN AMIGO QUE EL GRANJERO TIENE EN SU COBERTIZO.

AYER ESTUVIMOS ALLÍ Y UN NIÑO QUE SE LLAMA ÁLVARO NOS LIBERÓ.

NI MODO, UNA MENTIRA MÁS.

PRECISAMENTE ESE ES MI AMIGO. EL GRANJERO LO ATRAPÓ.

TIENE APENAS DOCE AÑOS Y ES MUY VALIENTE.

TIENES RAZÓN. A VECES PARECE MÁS MADURO

DEBEMOS DARNOS PRISA ANTES DE QUE EL GRANJERO LE HAGA ALGO A BRIAN...

¿A BRIAN?

¡PERDÓN! A ÁLVARO.

DOCE HORAS, CREO QUE NO VOY A LOGRARLO.

ZZZ

11:42:32

NO LO LOGRARÉ.

10:45:12

CREO QUE PODRÍA DESCANSAR UN POCO.

ZZZ

10:15:27

VAMOS A VER SI TUS AMIGOS SON TAN BUENOS.

Y REGRESAN PARA RESCATARTE.

¿QUÉ ME VA A HACER?

NADA MALO.

TE VOY A CONVERTIR EN VINO.

NIÑO JUSTICIERO, COSECHA DEL 66.

36

CUANDO SE JUNTAN PERSONAS QUE CREEN CON MUCHA FIRMEZA EN UN PROYECTO, SE LOGRAN GRANDES COSAS.

¡ESO ES! ¡TENGO QUE CONFIAR AL CIEN POR CIENTO EN LO QUE ESTOY HACIENDO!

DON ALVARO, ¿USTED CREE EN MÍ?

SÍ, HIJA, ¿POR QUÉ?

POR NADA...

CREO QUE YA TENGO LA SOLUCIÓN.

COMO DIJO CÉSAR CHAVEZ...

¡SÍ SE PUEDE!

¡LO LOGRASTE, JENNIFER! NOS TRAJISTE DE REGRESO.

¡POP!

¡ERES LA NIÑA MÁS LISTA DE LA ESCUELA!

¡DE LOS ÁNGELES!

¡DEL MUNDO!

Y TAMBIÉN LA MÁS ENAMORADA.

ESTOY MUY ARREPENTIDO.

ME HE PORTADO COMO UN TONTO.

NO TE PREOCUPES, BRIAN.

TODOS APRENDIMOS MUCHAS COSAS.

WOOF! WOOF!

!

44

RIIINGGG!

¡UPS!

FIN